Inhalt

Vertriebs- und Marketingstrukturen auf dem Prüfstand

Kernthesen

Beitrag

Fallbeispiele

Weiterführende Literatur

Impressum

ND

Vertriebs- und Marketingstrukturen auf dem Prüfstand

M. Westphal

Kernthesen

- Für viele Unternehmen stellt sich zunehmend die Frage, wie ihre Vertriebs- und Marketingstrukturen im Hinblick auf Kosten, aber auch Effektivität verbessert werden können.
- Der Handel untersucht insbesondere die Wirksamkeit seiner Außendienst-Organisation.
- Eine institutionalisierte enge Verknüpfung zwischen Einkauf und Vertrieb kann für Handelsunternehmen sehr sinnvoll sein.
- Finanzdienstleister haben sich derzeit vor

allem mit Multikanal-Strategien auseinanderzusetzen und müssen entsprechendes Optimierungspotenzial herausarbeiten.
- Der richtige Einsatz Software-basierter Vertriebs-Tools zur Vertriebsunterstützung kann zu einem Performance-Hub führen.

Beitrag

Viele Unternehmen stellen ihre Vertriebs- und Marketingstrukturen auf den Prüfstand

Vertrieb und Marketing sind letztendlich das Herzstück eines jeden Unternehmens, da diese Funktionen für den Absatz/Umsatz des Unternehmens und damit wesentlich für sein Einkommen verantwortlich sind. Die verschiedenen Industrien folgen eigenen Regeln in Bezug auf die Funktionsweise ihrer Märkte. Dieses führt dazu, dass auch die Vertriebs- und Marketingstrukturen häufig nicht vergleichbar sind.

Gerade in der jetzigen Zeit, die eine Prägung zum Käufermarkt besitzt, werden die Vertriebs- und Marketingstrukturen vieler Unternehmen einer Prüfung unterzogen. Einige Industrien zeigen exemplarisch entsprechende aktuelle Tendenzen in Bezug auf organisatorische Veränderungen in den relevanten Vertriebs- und Marketingstrukturen.

Der Handel und seine "state-of-the-art" Außendienst-Organisation

Die Effizienzmessung des traditionellen Außendienstes findet heute zunehmend über fragwürdige Messgrößen wie Kontrollen der Besuchshäufigkeit statt. Grundsätzliche Ansätze, die Effektivität und die Effizienz des Vertriebs zu erhöhen, liegen für die Markenartikelindustrie insbesondere in elektronischem Datenaustausch, klarerer interner Kommunikation und verbessertem Vertriebscontrolling. Darüber hinaus wird über das Outsourcen von Vertriebs-, insbesondere Außendienstaufgaben nachgedacht, die schon von 77 % der Unternehmen ausgelagert sind, vor allem im Bereich Merchandising und dem Aufbau von Zweitplatzierungen.

Sollte der Handel den Trend hin zu zentralisierten Entscheidungen, der Standardisierung von Betriebstypen und das Wachstum von Handelsmarken weiter forcieren, wird ein eigener Außendienst zunehmend unwichtiger.

Die Frage ist, inwieweit der Handel seine Entscheidungskompetenz wieder intensiver dezentralisiert, um sich wieder stärker auch auf regionale Marken konzentrieren zu können. Denn gerade im "Markenhandelsgeschäft" kommt es auch auf eine entsprechende Sortimentsbreite und -tiefe an, sowie eine hohe Zahl an Innovationen, um sich gegen die "NoName"-Konkurrenz wie Aldi zu positionieren und zu behaupten. (1)

Die Anforderungen an den Außendienst werden zunehmend komplexer, da er sich als Kundenberater, Marktforscher und Informationsmanager aufstellen muss, um den wachsenden Informationsbedarf am POS zu stillen. Es ist nötig, sich darum kümmern, dass virtuelle Leistungen in reale Regalplatzierungen umgesetzt werden. Die Frage, inwieweit diese Leistungen durch Outsourcen und damit eine Konzentration der Industrie auf ihre Kernkompetenzen geleistet werden kann, ist umstritten.

Der Handel verzahnt Einkauf und Vertrieb

Ein weiteres Tool, die Performance des Vertriebs insgesamt zu steigern, liegt in einer Verzahnung von Einkauf und Vertrieb. Gerade für handelsorientierte Unternehmen bietet sich eine auch organisatorisch institutionalisierte Verbindung von Einkauf und Vertrieb in einer Matrixorganisation an. Um ein solches Modell erfolgreich funktionieren zu lassen, müssen Einkauf und Vertrieb gemeinsam verantwortlich sein für Umsatz, Spannen, Roherträge und Bestände. Die Zusammenarbeit ermöglicht ein schnellstmögliches Erfassen der Marktbedürfnisse und Veränderungen. (2)

Viele der etablierten Finanzdienstleister müssen ihre Vertriebsstruktur grundsätzlich überdenken

Gerade die Einführung von Multi-Kanalstrategien wie aktuell vielfach im Finanzgewerbe postuliert, stellt in seiner optimalen organisatorischen Einbindung eine immense Herausforderung dar.

Banken leiden derzeit neben zu hohen Kosten insb. unter Defiziten in der Organisation ihres Vertriebs sowie in der Ansprache der Kunden. In diesem Zusammenhang ist der Ausbau der medialen Kanäle ein wesentlicher Baustein, wobei diese Kanäle in ihrer organisatorischen Einordnung den stationären Kanälen gleichgestellt werden müssen. Im Sinne einer schlanken Aufbauorganisation ist hier z. B. die Schaffung einer gemeinsamen Abteilung aus Internet und Call-Center unter Beachtung der gemeinsamen Schnittstellen, wie z. B. der Callback-Funktion und der E-Mail-Kommunikation denkbar.

Nur die Integration der medialen Kanäle mit den stationären zu einer einheitlichen Vertriebswegeplattform ermöglicht die Implementation einer kanalübergreifenden Kundengruppensteuerung, das sogenannte Segmentmanagement, die festlegt, welchem Kunden welche Service- und Vertriebsleistungen angeboten werden. Während das Kampagnenmanagement für die operative Durchführung der Kampagne von der Selektion bis zur Betreuung der involvierten Vertriebseinheiten zuständig ist, übernimmt das Segmentmanagement hingegen die Identifizierung der Kampagnen und die Entscheidung über den Vertriebswegeeinsatz.

Zum Aufbau einer Multikanalstrategie gibt es nicht

das Organisationsgrundmodell, sondern die

- Vertriebswegeorientierte Aufbauorganisation: Der Vertriebsweg ist das oberste Organisationskriterium, wobei bei diesem Ansatz das Segment- und das Kampagnenmanagement nicht den einzelnen Vertriebswegen, sondern einer separaten Einheit "Vertriebsunterstützung" zugeordnet wird.

- Kundengruppenorientierte Aufbauorganisation: Kundengruppen wie Privatkunden, Individualkunden oder Firmenkunden sind oberstes Kriterium der Aufbauorganisation.
Die Bereiche Internet und Call Center müssen im Controlling von Anfang an in die jährliche Vertriebsplanung mit aufgenommen werden, entsprechende Ziele müssen als konkrete Ziele vereinbart werden. (3)

Softwarebasierte Vertriebsunterstützung

Neben der Einführung von internetbasiertem Versandhandel als neues Angebot und neue, insbesondere vertriebslogistische Herausforderung, werden kontinuierlich auch Einführungen von softwarebasierten Tools wie Customer Relationship-

Management-Systemen (CRM) evaluiert. Sie finden derzeit insbesondere bei kleinen Unternehmen aber wenig Akzeptanz, da aufgrund der engen Budgets derzeit kaum Bereitschaft besteht, in Projekte zu investieren, die ihren Return on Investment nicht sehr kurzfristig innerhalb von 3 6 Monaten erwirtschaften.

Helfen könnten den Vertriebsabteilungen vor allem gute Content-Management-Systeme, die dem Vertrieb jederzeit die aktuellen Informationen zu allen Produkten und evtl. sogar Neuentwicklungen bei Bedarf Online per Intranet zur Verfügung stellen. Hierfür müssen aber eindeutig definierte Freigaben für Pflegeverantwortliche wie auch Timelines für das Einpflegen neuer Daten exakt definiert werden.

Fallbeispiele

Die Sparkasse Münsterland Ost hat in einem Pilotprojekt zum geschickten Einsatz unterschiedlicher Kanäle in einer Kampagne mit verbesserten Selektionskriterien Steigerungen bei den Treffer- und Abschlussquoten erzielt. So sind Trefferquoten von 10 % (Anzahl der Erfolge in Relation zu selektierten Kunden) und

Abschlussquoten von 50 % (Anzahl der Erfolge in Relation zu aus der Kampagne resultierenden Beratungsgesprächen) erzielt worden. (3)

Edeka Südwest, eine Anfang 2001 stattgefundene Fusion der ehemaligen Edeka Baden-Württemberg und Edeka Südwest, erwirtschaftete Anfang 2001 einen Umsatz von 3,7 Milliarden Euro (Edeka gesamt 28,4 Milliarden Euro). Sie haben die Organisation ihres Vertriebs einem eigenen Vorstandsressort unterstellt, welches eng mit dem Einkauf kooperiert. Die einmal im Jahr auf einer dreitägigen Klausur beschlossenen Rahmenbedingungen zur Umsetzung und Planung von Neuobjekten, zu Standortsicherung, Ladenbau, Eröffnungsterminen, Privatisierungs- und Modernisierungsmaßnahmen, sowie den Schwerpunkten in der Sortiments- und Warenwirtschaft, werden auf monatliche und wöchentliche Vorhaben heruntergebrochen. In gemeinsamen, 14-tägig stattfindenden Sitzungen zwischen Einkauf und Vertrieb werden die entsprechenden Aktionen dann koordiniert. Zur besseren Kommunikation werden 90 % der Edeka Südwest Mitarbeiter mit Laptops ausgestattet. (7)

Die AVA-Handelsgruppe (u. a. Marktkauf) erwirtschaftet sehr hohe Umsätze je qm Verkaufsfläche Die enge Verzahnung zwischen Vertrieb und Einkauf wird u. a. auf vierwöchentlich

stattfindenden "Warenbörsen" institutionalisiert, bei denen Einkauf und Vertrieb Aktionsprogramme abstimmen, oder über Marktchancen neuer Produkte diskutieren. Darüber hinaus gibt es als Kommunikationsplattform zwischen Industrie und Vertrieb sogenannte "Absatztage", die jährlich im Mai und September stattfinden. Ziel dieser Tage ist es, dass die Industrie den Verantwortlichen der Märkte neue Produkte vorstellt.
Um einen kontinuierlichen Dialog zwischen den Geschäften (der Fläche) und dem Vertrieb zu gewährleisten, sind die regionalen Verkaufsleiter mit großen Kompetenzen ausgestattet, sie verantworten die Zielerreichung der Umsatz- und Spannenplanung, sowie die regionale Preisfindung und regionale Ausrichtung der Werbung. (2)

Verschiedene Lebensmittel-Handelsketten wie Tesco, Ahold, Carrefour, Otto und andere drängen in das Geschäftsfeld des internetbasierten Lebensmittel-Lieferservices. Sie erschließen mit sehr unterschiedlichem Erfolg diesen neuen Vertriebskanal.
Tesco hat mit seinem filialbasierten System des Fulfilments einen für die Konkurrenz nahezu uneinholbaren Vorsprung erarbeitet (im ersten Halbjahr 2002 wurde gar ein Gewinn von 3 Mio. Euro erwirtschaftet bei 295 Mio. Euro Umsatz, was einer Steigerung von 27 % gegenüber dem ersten Halbjahr

2001 entspricht). Tesco deckt mit seinem Internet-Vertrieb 96,5 % der britischen Haushalte ab und bedient wöchentlich etwa 85 000 Kunden. In der Distribution sind 265 der 700 Tesco-Filialen als filialbasierte Fulfilment-Center tätig, was in der Startphase deutlich günstiger ist, als ein zentrales Center aufzubauen.

Ahold hingegen verfolgt eine Strategie mit 3 Kommissionierzentren innerhalb Hollands, mit denen 55 % der niederländischen Haushalte erreicht werden. Derzeit wird aus etwa 10 000 Bestellungen je Woche ein Jahresumsatz von 60 Mio. Euro generiert, bei einem durchschnittlichen Volumen von 110 Euro je Bestellung.

In Deutschland etabliert sich Otto als traditioneller Nonfood-Händler als Führer im Segment des internetbasierten Lebensmittel-Versandservices. Während der zweieinhalbjährigen Aufbauphase wurde die Kommissionierung in einem C+C-Markt durchgeführt, inzwischen hat man sich aber ein 2 200 qm großes Kommissionierungslager in Hamburg geschaffen. In den Augen der Otto-Manager, deren durchschnittlicher Bon derzeit 70 Euro Wert hat, besteht die Herausforderung darin, genug Kunden zu finden, um die Losgistik auszulasten. Das Management geht von einer Markterschließungszeit von 5 Jahren aus. Als Zielgruppen hat man gut verdiendende jüngere Alleinstehende und Paare, gut verdiendende Familien mit Kindern, Kunden über 60, zum Teil mit Gehbehinderungen, sowie Betriebe, Kanzleien und Arzt-Praxen identifiziert. Der Mindestbestellwert beträgt 30 Euro, mit einer Lieferpauschale von 3 Euro je Lieferung, ab einem Bestellwert von 80 Euro ist die Anlieferung kostenlos. (8)

Die Brau und Brunnen AG, die ein Konglomerat aus Bierbrauereien (u. a. Jever, Brinkhoff) darstellt, zentralisiert die bisher je Marke getrennten Key Accounts und Vertriebsgesellschaften für den Absatzkanal Handel. Ziel dieser Maßnahme ist, das Parallelarbeiten mehrerer Mannschaften abzubauen und dem jeweiligen Handelspartner nur noch einen Ansprechpartner gegenüber zu stellen. Diese Zusammenführung löst die bisherige Komplexität der Vertriebsorganisation auf, die nur unter hohem Verwaltungsaufwand zu kontrollieren und koordinieren war. (9)

Thomas Cook führt für den Reisebüro-Vertrieb ein neues Franchise-System ein, welches sich vor allem an Existenzgründer wendet. Thomas Cook kümmert sich um die komplette Organisation im Hintergrund, inklusive der Markenführung, um den Franchise-Nehmern den Rücken für die Aufgaben Beratung und Verkauf frei zu halten. Die Lufthansa-Reisetochter erhofft sich durch diese Aktion eine signifikante Verbreiterung der Vertriebsbasis, die auch vom

Konkurrenten TUI derzeit forciert wird. (10)

IBM versucht seine Vertriebsorganisation neu aufzustellen, um den Zielwachstumsmarkt Mittelstand zu erobern. Hierzu bedient man sich einer Partnerstruktur mit externen Business Partnern. In diesem Netzwerk übernimmt IBM die Rolle des Helfers bei Controlling und Finanzmanagement und in der Organisation der Fulfillment-Kette, damit die Partner sich gezielt um das Aufspüren neuer Geschäftsmodelle und Märkte kümmern können, um so neue Kunden zu generieren. IBM möchte mit dieser Business Partner-Organisation zu einem Geschäftsmodell als Lösungsanbieter kommen, in dem alle Core-Partner wie Reseller, Solution Provider, Independent Software Vendors und Distributoren zusammen gebracht werden. (11)

Nike strafft in Zentraleuropa seine Organisation. Bisher eigenständige Organisationen wie die in Österreich und der Schweiz erhalten in der Zukunft nur noch Kompetenzen in den Bereichen Marketing und Vertrieb. Alle wesentlichen Entscheidungen, insbesondere die mit strategischer Ausrichtung werden künftig nur noch im Europa-Headquarter in Holland getroffen. (12)

Weiterführende Literatur

(1) Helden oder Hilfsarbeiter?
aus Lebensmittel Zeitung 40 vom 04.10.2002 Seite 052

(2) Durchsatz auf die Großfläche
aus Lebensmittel Zeitung 40 vom 04.10.2002 Seite 050

(3) Integrierte Vertriebswege-Steuerung als Herausforderung Wem gehört der Kunde im Multikanal?
aus Die SparkassenZeitung, 18.10.2002, Nr. 42, S. 14

(4) Das Outlet bleibt das Nadelöhr - strategisch und logistisch
aus Lebensmittel Zeitung 40 vom 04.10.2002 Seite 068

(5) "Deutsche Banken sind schlechte Verkäufer"
aus Frankfurter Allgemeine Zeitung, 14.11.2002, Nr. 265, S. 29

(6) Hersteller reagieren auf Trend zu kleinen Projekten, Vertriebssoftware muss modular sein, Computer-Zeitung, Heft 41, S.19
aus Frankfurter Allgemeine Zeitung, 14.11.2002, Nr. 265, S. 29

(7) Überzeugen vor Ort
aus Lebensmittel Zeitung 40 vom 04.10.2002 Seite 048

(8) Die Zukunft kommt später
aus Lebensmittel Zeitung 43 vom 25.10.2002 Seite 036

(9) Brau und Brunnen stellt Weichen im Vertrieb neu
aus Lebensmittel Zeitung 43 vom 25.10.2002 Seite 014

(10) Thomas Cook baut Vertrieb aus Zum Ende des Geschäftsjahres "im Plan"
aus Börsen-Zeitung, 07.11.2002, Nummer 215, Seite 11

(11) GEMEINSAM ZU MEHR ERFOLG IBM will Vernetzung der Partner fördern
aus IT Business, Heft 42/2002, S. 6

(12) Nike strafft Organisation in Zentraleuropa Österreich bleibt Marketing & Vertrieb
aus WirtschaftsBlatt, 06.11.2002, Nr. 1742, S. A3

Impressum

Vertriebs- und Marketingstrukturen auf dem Prüfstand

Bibliografische Information der deutschen Nationalbibliothek

Die Deutsche Nationalbibliothek verzeichnet diese Publikation in der deutschen Nationalbibliografie; detaillierte bibliografische Daten sind im Internet über http://dnb.d-nb.de abrufbar.

ISBN: 978-3-7379-0864-1

© 2015 GBI-Genios Deutsche Wirtschaftsdatenbank GmbH, Freischützstraße 96, 81927 München, www.genios.de

Alle Rechte vorbehalten. Dieses Werk ist einschließlich aller seiner Teile – z.B. Texte, Tabellen und Grafiken - urheberrechtlich geschützt. Jede Verwertung außerhalb der Grenzen des Urheberrechtsgesetzes bedarf der vorherigen Zustimmung des Verlags. Dies gilt insbesondere auch für auszugsweise Nachdrucke, fotomechanische

Vervielfältigungen (Fotokopie/Mikroskopie), Übersetzungen, Auswertungen durch Datenbanken oder ähnliche Einrichtungen und die Einspeicherung und Verarbeitung in elektronischen Systemen.